Michael Martin · NIL

NIL

Abenteuer und Mythos Afrika

Fotos: Michael Martin
Text: Daniela Schetar und Michael Martin

rosenheimer

Tripolis
Mittelmeer
Alexandria
Port Said
Gizeh
Suez
Memphis
Kairo
JORDANIEN
IRAK
500 km
El Minya
Asiut
Arabische Wüste
Nil
LIBYEN
Libysche Wüste
ÄGYPTEN
Theben
Luxor
Er Riad
SAUDI ARABIEN
Assuan
Abu Simbel
Sahara
Dschidda
Mekka
Rotes Meer
NIGER
Nubische Wüste
Port Sudan
Nubien
JEMEN
Atbara
TSCHAD
Omdurman
SUDAN
Khartum
ERITREA
Sana
Wad Medani
Tschadsee
Aksum
El Obeid
Gondar
Lalibela
Tana-See
Tis Isat
Weißer Nil
Blauer Nil
NIGERIA
Bahr-el-Arab
Addis Abeba
Sudd
ÄTHIOPIEN
ZENTRALAFRIKA
KAMERUN
SOMALIA
Rudolfsee
Albert Nil
Victoria Nil
Kongo
Albertsee
Mogadischu
KENIA
KONGO
Kampala
Ruwenzori 5109
GABUN
UGANDA
Virunga-vulkane 4507
Victoria-see
Nairobi
Indischer Ozean
ZAÏRE
RUANDA
Kagera
Kilimandscharo 5895
BURUNDI
TANSANIA

Inhalt

Mythos Nil

Am Anbeginn der Welt war das Urmeer. Wasser bedeckte die Erde, und der Urflut entstiegen die ersten Götter des altägyptischen Pantheon. Daß in einem Land, das zu 98 Prozent aus Wüsten besteht, Wasser eine beherrschende Rolle im Alltag wie in der Religion innehat, ist nur allzu verständlich. In Ägypten galt die Verehrung der Menschen jenem Fluß, dessen jährliche Flut fruchtbaren Schlamm aus dem Herzen Afrikas auf die Felder Ägyptens führte und der die Menschen in seinem dichtbesiedelten Tal wie ein gütiger Vater nährte: dem Nil.

Mit 6671 Kilometern ist er der längste Strom der Erde. Gespeist von Wassern aus Ruanda und Burundi, durchqueren er und seine Zuflüsse die Länder Uganda, Sudan, Äthiopien und Ägypten. Von den Regenwäldern Zentralafrikas durch die Steppen und Sümpfe des Sudan bis zu den Wüsten Ägyptens verfolgt er stetig seinen Weg nach Norden, bis er schließlich, zum Delta verzweigt, ins Mittelmeer mündet. Christen und Muslime leben an seinen Ufern, und die Stämme des östlichen Afrika opfern ihm wie einem Gott. Die wilden Tiere Afrikas trinken von seinem Wasser, und zahllosen Flußpferden, Krokodilen und Wasservögeln bietet er eine Heimstatt. Er hat das Werden und Vergehen von Hochkulturen wie des pharaonischen Ägypten und des christlichen Äthiopien begleitet, hat geduldig menschliche Eingriffe wie Dämme und Kanäle ertragen und mit zerstörerischer Kraft Schluchten gegraben, Wasserfälle gebildet und sich zu Sümpfen verzweigt. Zahllose Kriege wurden an seinen Ufern erfochten, und noch heute dröhnt das Knattern von Maschinengewehren immer wieder über seinen friedlichen Lauf.

Die pharaonischen Ägypter stellten sich den Nil als fülligen, etwas behäbigen Gott vor, der den Menschen reiche Gaben darbringt. Seine segensreiche Flut seien die Tränen, die Isis um ihren ermordeten Gatten Osiris weint. Um den Nil, seine Schwankungen, sein Wasser kreisen unzählige Mythen. Nicht nur im alten Ägypten, sondern auch bei den Völkern, die weiter südlich an seinen Ufern leben, im heutigen Sudan, Uganda und Äthiopien. Alle Menschen im Einzugsgebiet des Nil versuchten eine Antwort auf das Rätsel seines Ursprungs zu finden.

Die Suche nach den Nilquellen beschäftigte auch Philosophen, Geographen, Abenteurer und Forscher seit Menschengedenken. Im alten Ägypten hieß es, der Nil entspränge auf der Insel Elephantine, südlich der heutigen Stadt Assuan. Die Göttin Satet wache über die Quelle, die sich auf wundersame Weise in zwei Ströme teile: Einer fließe nach Süden, der andere, der Nil, gen Norden. Herodot, der Vater der Geschichtsschreibung, vermischte Niger und Nil und ortete die Quellen des Nil im Westen Afrikas, von wo der Fluß durch die Libysche Wüste bis Ägypten fließen und hier schließlich nach Norden abdrehen sollte. Noch im 19. Jahrhundert versuchten Forscher und Abenteurer dem Nachweis zu führen, es bestünde eine Verbindung zwischen dem Niger, dem geheimnisumwobenen mächtigsten Strom Westafrikas, und dem Nil. Aristoteles kam im vierten vorchristlichen Jahrhundert in seiner Abhandlung »Über das Steigen des Nil« der Wahrheit ziemlich nahe: Er verlegte die Quellen des Flusses ins äthiopische Hochland und führte sein alljährliches Anschwellen auf Regenfälle im Gebirge zurück. Caesar bewegte die Frage der Nilquellen fast ebensosehr wie seine Zuneigung zu Kleopatra, und er hätte »vom Bürgerkrieg abgelassen«, wenn er nur die Möglichkeit gehabt hätte, die Nilquellen zu sehen. Des Rätsels

Ein äthiopischer Bauer treibt seine Rinder heim ins Dorf.

Lösung kam Claudius Ptolemäus im 2. Jahrhundert nach Christus ziemlich nahe. Der Geograph erklärte die schneebedeckten Gipfel der *lunae montes,* der Mondberge, im Herzen des schwarzen Kontinents zum Quellgebiet des Nil. Seine Theorie wurde für lächerlich befunden, denn wo im heißen Afrika sollte es Gletscher und Schneeschmelze geben?

Es dauerte bis ins 18. und 19. Jahrhundert, bis das Geheimnis des Nillaufs abschließend geklärt werden konnte. Die Antworten, die mehrere Forscher und Abenteuer nach und nach zusammentrugen, gaben Aristoteles und Ptolemäus recht: Die Quelle des Blauen Nil liegt tatsächlich im äthiopischen Hochland, während der Weiße Nil sein Wasser aus dem Victoria- und Albertsee bezieht, deren Zuflüsse sich von den schneebedeckten Gipfeln des zentralafrikanischen Ruwenzori-Massivs in die Seen ergießen.

Es sind zwei sehr unterschiedliche Flüsse, die sich bei der sudanesischen Hauptstadt Khartum zu dem mächtigen Strom vereinen, der das Land Ägypten seit Jahrtausenden mit seinen überreichen Gaben beschenkt. Etwa 75 Millionen Kubikmeter Wasser führt der Nil dann durch die staubtrockenen Ebenen der Nubischen Wüste. Der größte Teil dieser Flut kommt tatsächlich aus dem äthiopischen Hochland, wo der Blaue Nil nach den Monsunregen mit verheerender Gewalt Erdreich und Steine mitreißt und schließlich seine wilden Fluten mit denen des ruhigeren Weißen Nil vereint. An der tiefbraunen Färbung kann man sein Wasser noch mehrere Kilometer nach dem Zusammenfluß vom Blaugrün des Weißen Nil unterscheiden.

Fast alle Versuche, dem Fluß auf seiner Reise durch das östliche Afrika zu folgen, sind gescheitert. Galt früher der »Sudd«, ein 100 000 Quadratkilometer großer Sumpf im Süden des Sudan, als unüberwindliches Hindernis, so verunmöglicht es heute der Grenzstreit zwischen Ägypten und Sudan und der Bürgerkrieg zwischen christlich dominiertem Südsudan und dem islamischen Norden des Landes, den Nil von seinem Mündungsdelta bis zu den Quellen entlangzufahren. Deshalb führt unsere Reise durch das ägyptische Niltal mit seinen Zeugnissen der jahrtausendealten pharaonischen Kultur und seinem prallen orientalischen Leben auf einem Umweg über das Rote Meer und Eritrea hinauf ins fruchtbare äthiopische Hochland, wo archaische Stelen, mittelalterliche Burgen und Felsenkirchen inmitten grandioser Landschaften das Bild einer christlichen Festung im heidnischen Afrika heraufbeschwören.

Ein großer Sprung nach Südwesten, in das Grenzgebiet zwischen Zaire, Ruanda und Uganda, bringt uns schließlich zum Victoria-See und in die ugandische Hauptstadt Kampala mit ihren Straßenmärkten und Wellblech-Slums, wo Kulte und Riten Schwarzafrikas den Lebensrhythmus dominieren. Hier finden wir endlich auch die »Mondberge«, das Ruwenzori-Massiv, an dessen Hängen sich Riesenlobelien und gigantische Farnkräuter vom immerwährenden Nebel und Regen nähren.

Südlich davon leben in der grandiosen Urlandschaft der Virungavulkane die letzten Gorillas Afrikas, geschützt durch einen Nationalpark und dennoch weiterhin fast hilflos den Wilderern ausgeliefert.

In Vatikan gibt es eine Skulptur aus der Zeit Alexanders des Großen, die den Nil als bärtigen, beleibten Mann abbildet, der sich in Ruhepose auf seinem Lager ausstreckt und mit Ähren und Früchten, den Symbolen seiner Fruchtbarkeit, geschmückt ist. Sechzehn kleine Gestalten klettern, Putten gleich, über die mächtige Gestalt. Sie stehen für die sechzehn Ellen Höhe, die das Wasser erreichen mußte, damit Ägyptens Ernte gewährleistet war. Vielleicht symbolisieren sie aber auch die vielen Quellen, die letztendlich zum Nil beitragen.

Damals wie heute birgt der Fluß ein Geheimnis. Auch wenn man heute seinen Ursprung kennt, seinen Lauf vermessen hat, Staumauern seine Fluten hemmen und das Rätsel um seine jährliche Schwelle gelöst ist, bleibt der Nil ein Mythos - ein geheimnisvoller Gott, den alle Menschen, die an seinen Ufern leben, in vielfältigster Gestalt verehren.

Papyrusboote sind das wichtigste Transportmittel auf dem Tana-See, der vom Blauen Nil durchflossen wird.

In der Nähe des Tana-Sees stürzt der Blaue Nil 45 Meter in die Tiefe, bevor er sich in tief eingeschnittenen Schluchten durch das Hochland Äthiopiens windet.

Ägypten

»Allahu Akhbar«, klingt es tausendfach aus knarzenden Lautsprechern von den Minaretten. Noch liegt die Nacht wie ein kühler, weicher Schatten über der Millionenstadt Kairo, noch kündet nichts von dem Verkehrschaos, das sogleich nach dem Morgengebet über die Stadt hereinbrechen wird, noch stören nur die Rufe der Muezzins den nächtlichen Frieden über dem Nil. Die ersten Strahlen der Morgensonne vergolden Minarettspitzen und futuristische Hochhäuser, sie streicheln die kühlen Wände der Pyramiden und baden in den dunklen Fluten des Flusses. Doch bereits eine Stunde später können sie die Glocke aus Dunst, Staub und Abgasen, die sich über die Stadt gestülpt hat, kaum noch durchdringen. Der Moloch Kairo ist erwacht.

Zwischen fünfzehn und zwanzig Millionen Menschen leben in Al-Kahira, der »Siegreichen«, was der Name auf arabisch bedeutet. Der europäische Besucher, der diese Stadt das erste Mal betritt, sucht sofort unwillkürlich nach einem Fluchtweg aus dem unerträglichen Lärmpegel aus Hupen, kreischenden Bremsen, ratternden Dieselmotoren und drängelnden, schreienden Menschen. »Wir begannen die Fahrt durch die Stadt«, berichtet der Literatur-Nobelpreisträger William Golding 1984 über Kairo, »die zwangsläufig langsam vor sich ging ... Man sitzt im zähen Verkehr oder einem Stau, einem *sudd,* zwischendurch braust man mit neunzig Sachen durch die Gegend.« Doch als wohne dem Chaos ein Zauber inne - wer den ersten Schock überstanden hat, wird sich in diese Stadt verlieben: in die unzähligen Straßencafés, wo Männer und manchmal auch Frauen *ahwa,* Kaffee, schlürfen; in das Labyrinth des Bazarviertels Khan al-Khalili, wo es vom verrosteten Nagel bis zur echten pharaonischen Antiquität alles zu kaufen gibt - mal mehr, mal etwas weniger legal; in die prunkvollen Moscheen, wo kunstvolle Fayencen vom Reichtum der Kalifen künden und die Gläubigen unbeirrt ihre rituellen Waschungen vollziehen. In Kairo prallt der hektische Pulsschlag der Großstadt auf den orientalischen Gleichmut der Fellachen, paart sich europäisch geprägte Moderne mit den islamischen Traditionen der Wüstenvölker. Der Nil legt sein silbernes Band mitten durch die Stadt, doch als hätten ihm die vielen gegensätzlichen Einflüsse seine Zielstrebigkeit genommen, fächert er sich kurz hinter Kairo in tausend Arme auf und entläßt sein Wasser in den Boden des fruchtbaren Deltas.

Trotz der Gaben des Nil sind die meisten Ägypter bitterarm. Die Ernten ihrer Gärten und Felder reichen nicht aus für die stetig wachsende Bevölkerung; das Land, das als Kornkammer Roms einst Caesars Reich mit Getreide belieferte, muß heute Weizen importieren. Wer im fruchtbaren Niltal kein Auskommen findet, zieht in die Stadt, doch in Kairo ist für die vielen Gestrandeten längst kein Platz mehr. So sucht man Unterschlupf bei entfernten Verwandten, besetzt Ruinen, haust in Hütten aus Pappkarton und Wellblech oder zieht auf den Friedhof. Trotz Geisterangst und Aberglauben - Kairos Friedhöfe sind längst kein Ort der Ruhe für die Toten mehr, sondern Städte der Lebenden. Ganz anders als die instabil gebauten und überfüllten Kairoer Wohnhäuser, die regelmäßig einstürzen, laden die massiven, oft mehrstöckigen Grabanlagen auf dem nördlichen und dem südlichen Friedhof der Stadt geradezu ein, sich darin einzurichten. Viele Menschen in den Totenstädten leben vom Recycling. Als Müllsammler durchkämmmen sie mit ihren Esel- oder Handkarren die Straßen der Stadt, und nicht der kleinste brauchbare Abfall entgeht ihrer Aufmerksamkeit. Wenn die Männer mit ihrer schweren Last nach Hause kommen, beginnt die Arbeit der Frauen und Kinder: Sorgfältig wird sortiert, getrennt, gestapelt. Es ist schon erstaunlich, wieviel Wiederverwertbares sich im Müll der modernen Zivilisation findet.

Müllsammler und Bettler sind eine Seite der ägyptischen Hauptstadt, reiche, an europäischen Vorbildern orientierte Schickeria die andere. Und irgendwo dazwischen gibt es den Alltag der kleinen Ladenbesitzer, Händler, Taxifahrer und Beamten. Die meisten ägyptischen Staatsdiener werden so unregelmäßig und schlecht bezahlt, daß sie mindestens einen zweiten Beruf ausüben müssen, um zu überleben. Dies führt dazu, daß viele Schreibtische wegen anderweitiger Verpflichtungen unbesetzt bleiben. Weh dem, der in Kairos gefürchtetem Beamten-Labyrinth, der Mugam'a, eine Genehmigung, ein Visum oder ähnliches beantragen muß! Er braucht außerordentlichen Langmut oder viel Geld, um an den richtigen Stellen Bakschisch zu plazieren. Oder er sieht sich gleich in den umliegenden Cafés um, wo so mancher Beamte einem lukrativen Nebenjob nachgeht.

Überhaupt ist in den Cafés Kairos Herzschlag zu spüren. Trotz wirtschaftlicher Probleme und der allgegenwärtigen Angst vor den Radikal-Islamisten trifft sich die muslimische Männerwelt in den kahlen, bunt gekachelten Räumen zum Kaffee oder um eine Wasserpfeife zu »trinken«. Man sitzt auf unbequemen, verbeulten Blechstühlen, lauscht den schluchzenden Geigen, die Ägyptens Lieblingssängerin Um Khoulsum begleiten, und diskutiert die Ereignisse des Tages. Fremde, sofern sie nicht alleinreisende Frauen sind, werden freundlich aufgenommen. Schließlich möchte man wissen, was sich in Europa tut. Aus Deutschland? Die erste Assoziation lautet »Beckenbauer good«. Die zweite kann lauten »Hitler very strong man«, und es kostet einige Mühe und viele Tassen des köstlichen *ahwa*, diese Überzeugung ins Wanken zu bringen. Über die drängenden Probleme Ägyptens spricht man offen, nur beim Thema Fundamentalismus verstummen die meisten. Vielleicht, weil der Glaube, in einem islamisches Gottesstaat ein besseres Leben führen zu können, vielen eine Hoffnung auf bessere Zeiten gibt. Vielleicht auch, weil man Angst hat, daß der Freund, der Nachbar Mitglied der gefürchteten »Muslimbrüder«, der militanten Islamisten, ist.

Am Rande des Nobelvorortes Gizeh vor den Toren Kairos ragen die dreieckigen Silhouetten dreier monumentaler Grabmäler in den blauen Wüstenhimmel. Die Pharaonen Mykerinos, Chefren und Cheops ließen die Pyramiden im dritten vorchristlichen Jahrtausend errichten; 2,3 Millionen Blöcke wurden für den Bau der 150 Meter hohen Cheops-Pyramide benötigt, unzählige Menschen schufteten zu Ehren des Pharao. Granit und Kalkstein wurden in der Nähe von Assuan gebrochen und auf dem Nil nach Gizeh transportiert. Noch heute weiß niemand so recht, wie diese exakte baumeisterliche Leistung ohne die Hilfe moderner Meßinstrumente möglich war, und auch das Rätsel um die Verbindung der Pyramidenkonstruktion mit bestimmten Gestirnen wird wohl nie abschließend geklärt werden. In der Antike zählten die Pyramiden zu den sieben Weltwundern. Unter der Mamelucken-Herrschaft dienten sie und die geheimnisvoll lächelnde Sphinx zu Füßen der Chefren-Pyramide als Zielscheiben beim Kanonenschießen, was die Sphinx ihre Nase

Als ruhiger Strom fließt der Nil durch die hektische Millionenstadt Kairo, bevor er sich in in das weitgefächerte Delta verzweigt.

تومي تورز
TOMY TOURS

Eine Million Autos zwängen sich durch Kairo und stoßen jährlich 200 t Blei aus. Stinkende Busse jagen durch die engen Straßen, Trittbrettfahren ist Volkssport.

Mitten in Kairo werden Kamele gehandelt. Sie werden in endlosen Karawanen aus dem Sudan nach Norden getrieben. Aufkäufer sind ägyptische Kamelhändler, die die geschundenen Tiere an die Schlachthäuser Kairos weiterverschachern.

Die Pyramiden von Gizeh wurden zum Symbol für die pharaonische Kultur. Sie scheinen für die Ewigkeit gebaut.

kostete. Heute gelten sie als eine der größten Attraktionen einer Ägypten-Reise. Jeden Morgen rüsten Kameltreiber, Souvenirverkäufer und Guides zum Sturm auf die Touristenbusse, die nach Gizeh hinausfahren. Seit der Terror fundamentalistischer Islamisten den devisenbringenden Besucherstrom aus allen Teilen der Welt auf ein kläglichen Rinnsal zurechtstutzte, kommen allerdings immer weniger zahlungskräftige Gäste nach Ägypten. Viele Ägypter haben deshalb ihre wichtigste Einnahmequelle verloren.

Die Strecke zwischen Kairo und Luxor gilt als besonders gefährlich, denn sie führt an der Hochburg der Fundamentalisten, dem Städtchen Asiut, vorbei. Die dichten Zuckerrohrfelder der Region bieten einen idealen Schutz für einen Hinterhalt, deshalb hat ägyptisches Militär kurzerhand eine ganze Reihe von Feldern abgefackelt. Ausländische Reisende werden von schwerbewaffneten Polizeieskorten begleitet. Bequemer und sicherer ist da die Nachtfahrt mit der komfortablen Eisenbahn nach Süden. An den plüschigen Abteilen des Nachtexpreß hat schon Agatha Christie ihre Freude gehabt.

Luxor steht ganz im Zeichen des Tourismus: Hotels, Pferdekutschen, Souvenirverkäufer und Antiquitätenhändler mit vermeintlich echtem Pharaonenschmuck erwarten den Besucher, und mitten im Ort erwacht im imposanten Tempel von Luxor die pharaonische Epoche Ägyptens wieder zum Leben. Etwas flußaufwärts stehen die monumentalen Tempelanlagen von Karnak, und auf der anderen Seite des Nil verstecken sich in einem Labyrinth unterirdischer Stollen und Gänge, Schatzkammern gleich, die Gräber von Pharaonen und Würdenträgern. Das 1922 entdeckte Grab des jungen Pharao Tutanchamun war der spektakulärste und reichste Grabfund im »Tal der Könige«, und noch heute werden immer wieder neue Gräber, neue Eingänge aufgespürt. Die über und über mit Malereien bedeckten Grabkammern erzählen vom Leben im alten Ägypten: von Krokodilen und Flußpferden im Nil, vom Fischfang und Ackerbau, von Fellachen, Beamten und Pharaonen. Der schakalköpfige Gott Anubis bewacht die Mumie, und Osiris, der Herrscher der Unterwelt, empfängt den Toten, wenn dieser auf seinem langen und gefahrvollen Weg durch die Unterwelt endlich das Reich der Toten betreten hat.

Eine Fähre setzt von Luxor aus über den träge dahinfließenden Strom; wüstenhafte Landschaft umfängt den Besucher, hie und da tupft die Krone einer Palme grüne Sprenkel in das Graubraun des Gesteins. Ein langer, heißer Pfad führt auf die Bergkette zu, die die Schätze der Pharaonen vor entweihenden Blicken verbirgt, und an ihr entlang nach Süden. Tempelfragmente, Kolossalstatuen, umgestürzte Säulen säumen den Weg. Sie sind die Überreste einer Hochkultur, die sich aus den Wassern des Nil speiste, aus seiner jährlichen Flut und dem Schlamm, der mitten in der Trockenzeit feuchte und fruchtbare Erde nach Ägypten brachte. Plötzlich öffnet sich die Flanke des Berges zu einem tiefen, begradigten Einschnitt. An dessen Ende, eingebettet im majestätischen Rund schroffer Felswände, liegt ein Kleinod pharaonischer Baukunst: Dair al-Bahri, der Totentempel der Königin Hatschepsut. Eine breite Rampe zieht über drei hintereinander gestaffelte und mit eleganten Säulenreihen geschmückte Terrassen hinauf zum eigentlichen Sanktuarium, das in den Felsen gehauen wurde. Seine Wände sind bedeckt von Reliefs, die die Herrschaft Hatschepsuts preisen. Eines davon zeigt eine Expedition, die auf Geheiß der Königin in das legendäre Land Punt unternommen wurde - ein Reich am Roten Meer, aus dem die Reisenden Weihrauch, allerlei Gewürze und sogar eine Giraffe mitbrachten. Wahrscheinlich war Punt ein Vorläufer des äthiopischen Reiches Aksum. Vom höchsten Punkt des Totentempels reicht der Blick über den glitzernden Fluß hinweg auf den Tempel des Gottes Amun in Karnak. Hier zogen einst feierliche Prozessionen, um Hatschepsut zu ehren. In reich geschmückten Barken reisten die Statuen der Götter über den Nil.

Vorbei die Zeiten, da man in Ägypten Amun, Ptah und Osiris verehrte. Heute klingen die neunundneunzig Namen Allahs von den Lippen der Gläubigen, bestimmt der Rythmus der Gebete den Tagesablauf der Fellachen. Wenn der Muezzin zum Gebet ruft, ruht im

Niltal die Arbeit. Dann verneigen sich die Menschen in Richtung Mekka, wo der Prophet Mohammed vor nun bald 1400 Jahren eine neue Religion begründete. Einmal im Leben Mekka und seinen heiligen Bezirk um die Kaaba zu sehen und dort die vorgeschriebenen Rituale zu vollziehen, ist der Traum eines jeden Muslim und eine religiöse Pflicht. Wer sich den Traum erfüllen konnte, zeigt es in Oberägypten, in den Dörfern um die quirlige Provinzhauptstadt Assuan, voller Stolz: Er schmückt sein Haus mit bunten Malereien, die die Stationen seiner Pilgerfahrt abbilden. Da fliegen Flugzeuge über die Wasser des Roten Meeres hinein in die Wüste, in der wie eine Verheißung höchster Wonnen die schwarz verhängte Kaaba auf den Pilger wartet; ein Bild weiter steht er davor, barhäuptig und mit einem weißen, ungesäumten Tuch bekleidet, allein oder in einem Meer weißgewandeter Pilger; und schließlich die Heimkehr, wenn er vom Dorf jubelnd empfangen wird, beladen mit Souvenirs, darunter Flaschen mit dem segenspendenden Wasser des heiligen Brunnens Zem Zem. Dies alles wird so farbenfroh und naiv in lebhaften Szenen an den Hauswänden festgehalten, daß man sich unwillkürlich in die Kammern der pharaonischen Gräber versetzt fühlt. Daß zwischen den Grabmalereien der alten Ägypter und der Bildbegeisterung der modernen Hadschis im sonst so bildfeindlichen Islam ein Zusammenhang besteht, kann nur vermutet werden.

So stolz die Menschen hier auf ihre Pilgerfahrt sind, so gastfreundlich begegnen sie Fremden. Kein Ort, an dem Reisende nicht zum Tee gebeten, zu köstlichem Essen gedrängt oder zumindest zum Familienfoto überredet würden. Vielleicht liegt es daran, daß viele Nubier selbst Fremde sind, vertrieben aus ihren Dörfern weiter im Süden, die unter den Wassermassen des Nassersees begraben wurden. So streng und abweisend vieles in Unterägypten nicht zuletzt aus Angst vor Islamisten erscheinen mag, so lebhaft und bunt ist das Leben am Nil zwischen Luxor und Assuan: Frauen kommen an den Fluß, um Wasser zu holen, Geschirr oder Wäsche zu waschen oder die Kinder zu baden; Bauern treiben Ochsen und Dromedare um archaische Schöpfbrunnen, mit denen das Flußwasser auf die Felder gepumpt wird; Fischer mit strahelndweißem Turban und der eleganten, glockenförmigen Dschellaba beladen ihre Feluken, um den Fang des Tages auf den nächsten Markt zu bringen; Lehmhäuser ducken sich zwischen Palmen, und immer wieder reckt sich das schlanke Minarett einer Moschee in den wolkenlosen Himmel.

Assuan ist das Herz Oberägyptens. Seine bunten Märkte und die freundlich-offenen Menschen mit deutlich dunklerer Hautfarbe - alles verweist auf das nahe Schwarzafrika. Vor den Läden türmen sich Gewürze und Tees zu Pyramiden in leuchtenden Farben: der säuerliche, unendlich erfrischende *Karkadé,* ein Tee aus den getrockneten Blüten des Hibiskus, das grüne Pulver des Henna-Strauches, mit dem man Hände und Fußsohlen tätowiert, glänzend schwarze Pfefferkörner, goldener Mais, Linsen und Bohnen für das ägyptische Nationalgericht, der Bohnenbrei *Ful.* Wie Traumgestalten wandeln tief verschleierte Frauen durch die schattigen Marktgassen Assuans; wenn sie einem Touristen begegnen, ziehen sie den schwarzen Schleier noch tiefer über das Gesicht. Barfüßige Kinder verfolgen den Fremden, betteln um Bonbons, Kugelschreiber und Geld und stieben in wilder Flucht davon, wenn ein ehrwürdiger Alter dem Schabernack

Pferde- und Kameltreiber kämpfen an den Pyramiden von Gizeh mit rauhem Charme um die Dollars der Touristen.

In den Abendstunden füllen sich die unzähligen Cafés von Kairo. Auf silbernen Tabletts werden Tee und herrlich duftende Minzblätter serviert.

Die Moschee der Zitadelle gehört zu den prächtigsten der über 1000 Moscheen Kairos.

Der Sohn des Metzgers wartet im Souk von Esna auf Kunden.

mit drohend erhobenem Stock ein Ende setzt. In der ersten Hälfte dieses Jahrhunderts war Assuan ein mondäner Luftkurort, in dem sich europäische Schickeria mit orientalischen Prinzen und Prinzessinen traf. Relikt dieser Zeit ist das ehrwürdigen Old Cataract Hotel, dessen Terrasse man zu Recht als Ägyptens schönsten Platz für einen stilvollen Nachmittagstee bezeichnen kann: Sie bietet einen unendlich friedlichen Panoramablick über den Nil, auf dessen sanft gekräuseltem Wasser die weißen Dreieckssegel der Dhaus wie Schmetterlinge zu tanzen scheinen. Mehrere mit üppigem Grün bewachsene Inseln hemmen hier den Lauf des Flusses, seine Ufer rücken näher zusammen und türmen sich steiler auf, und nur wenige Kilometer südlich fällt der Nil über seinen ersten Katarakt, der jede weitere Schiffahrt flußaufwärts unmöglich macht. Hier lag die südliche Grenze der altägyptischen Reiche, und auf der Insel Elephantine maß man das Steigen und Fallen des Nil. Erreichte der Wasserstand die notwendige Marke nicht, drohte Ägypten eine Hungersnot. Dann wurde dem Gott Hapi geopfert, der für die Flut verantwortlich war.

Pharao Ramses II., der größte Bauherr unter den altägyptischen Herrschern, hatte sich an der südlichen Grenze seines Reiches ein schier größenwahnsinniges Denkmal gesetzt: Der Monumentaltempel von Abu Simbel wurde 55 Meter tief in den Fels geschlagen, seine Eingangsfront mit vier 20 Meter hohen Statuen des Pharao geschmückt. Über dreitausend Jahre blickte Ramses II. ungestört über seinen Nil, bis sich ein anderer moderner Pharao, Ägyptens Staatspräsdent Gamal Abd el-Nasser, ein ebenso mächtiges Denkmal zu setzen versuchte: den Assuan-Hochdamm. Dessen Mauer staut seit der Fertigstellung 1972 den Nil zu einem bis zu 550 Kilometer langen See, reguliert sein Steigen und Fallen und versorgt Ägypten mit Elektrizität. Hunderttausende von Nubiern mußten dafür ihre heimatlichen Dörfer verlassen und wurden zwangsumgesiedelt. Um ein Haar wäre auch Ramses' Tempel ein Opfer der gestauten Fluten geworden. In einer internationalen Hilfsaktion unter Ägide der UNESCO wurde der monumentale Felsentempel in transportable Blöcke zersägt und 180 Meter landeinwärts wieder aufgebaut - und dies so exakt, daß auch heute noch wie vor dreitausend Jahren zweimal im Jahr die Strahlen der Sonne den Altar an der rückwärtigen Felswand des Heiligtums berühren. Per Flugzeug oder Tragflügelboot werden Touristen nach Abu Simbel gebracht.

Wer sich dem Tempel vom See aus nähert, so, wie es Priester und Pharaonen immer getan haben, wird von der majestätischen Schönheit der Anlage zutiefst berührt. Ein Wächter in schlichter Dschellaba öffnet die Pforten des Heiligtums mit einem Schlüssel, der dem ägyptischen Symbol für Leben, dem Ankh, nachempfunden ist. Leben - hier in der Wüste bedeutet es Wasser.

Ein sicheres Wasserreservoir, landwirtschaftlich nutzbares Land und Energie versprach der Damm, versalzene Böden hat die ausbleibende Flut inzwischen den Bauern im Niltal und im Delta beschert. Der fruchtbare Schlamm, den der mächtige Strom seit Menschengedenken auf die Felder Ägyptens entleerte - er lagert nun am Grund des Stausees. Die Bauern müssen mit Kunstdünger vorliebnehmen, der im Gegensatz zum Nilschlamm auch noch Geld kostet. Und im Norden, im Deltagebiet des Nil, geht unmerklich von Jahr zu Jahr Land verloren, weil der Nachschub aus dem äthiopischen Hochland ausbleibt.

Dem Nil jenseits des Stausees weiter stromaufwärts zu folgen - die Politik macht das unmöglich. Einmal wieder stehen sich Ägypten und Sudan als feindliche Brüder gegenüber und bezichtigen sich gegenseitig der Unterstützung von Terroristen. Die Grenzen an dieser einstmals so wichtigen Handelsstraße bleiben gesperrt, die klapprigen Fähren, die ihren Pendeldienst zwischen Assuan und dem sudanesischen Wadi Halfa versahen, rosten am Hafen vor sich hin. Dem Reisenden, der die Quellen des Blauen Nil in Äthiopien erreichen will, bleibt nur der Umweg über das Rote Meer.

2000 Jahre lang war der Tempel von Karnak das größte Heiligtum im Pharaonenreich.
Seine große Säulenhalle galt in der Antike als eines der sieben Weltwunder.

In den Sommermonaten streifen die dann senkrecht einfallenden Sonnenstrahlen die Reliefs des Horustempels in Edfu, des am besten erhaltenen Tempels in Ägypten.

Der Nil schuf im Sudan und in Ägypten die längste Stromoase der Welt, scharf begrenzt von den Weiten der Sahara.

Das Nilwasser sichert bis heute das Überleben ganzer Völker.
Es war die Voraussetzung für die Entwicklung der pharaonischen Kultur.

Erst in in den Abendstunden füllen sich die Marktgassen Assuans. Alte Männer reichen köstlichen Tee, junge Burschen stopfen Felafel, Tomaten und Gurken in aufgeschlitztes Fladenbrot.

Cafés sind fester Bestandteil ägyptischer Lebenskultur. Ihre Ausstattung ist meist karg, das Angebot beschränkt sich auf Tee und Wasserpfeife - und dröhnende Fernseher.

Die Arbeit der Fellachen hat sich seit pharaonischen Zeiten kaum verändert.
Bis heute wird das kostbare Nilwasser mit dem *tarbut*, einem Wasserschöpfrad, auf die Felder geholt.

In Ägypten leben oft vier Generationen unter einem Dach. Alte Menschen werden von den Jungen hoch geachtet.

Fellachen warten in Luxor auf die Nilfähre, die sie und ihre Ernte an das Westufer des Nil bringen soll.

Schon mehr als eine Million Male haben die gewaltigen Ramsesstatuen von Abu Simbel die Sonne über dem Nil aufgehen sehen.

Fassade und Interieur des Old Cataract Hotel in Assuan erinnern an die ersten Jahrzehnte dieses Jahrhunderts, als Könige, Schauspieler und Dandys hier abstiegen, um dem kalten europäischen Winter zu entfliehen.

Mitten in der arabischen Wüste liegt das koptische Kloster St. Antonius. Die Kopten werden auch im heutigen Ägypten als religiöse Minderheit diskriminiert. Das Kloster St. Antonius ist eine ihrer Wallfahrtsstätten.

Hunderttausende von Ägyptern pilgern jedes Jahr nach Mekka. So sind die Schiffe von Suez nach Saudi-Arabien meist überfüllt.

Die Ruinen prächtiger Kaufmannspaläste, erbaut aus brüchigem Muschelkalk, lassen den einstigen Glanz der sudanesischen Hafenstadt Suakin nur noch erahnen. Die alten Wärter sahen hier noch Karawanen mit Gold und Elefenbein ankommen, das von hier mit Segelschiffen nach Arabien gebracht wurde.

Das älteste der 800 Klöster Äthiopiens heißt Debre Damo und wurde bereits im 6. Jahrhundert auf einem Tafelberg erbaut. Die auf dem winzigen Felsplateau lebenden Münche beziehen ihr Trinkwasser aus den in den Fels geschlagenen Regenwasser-Zisternen.

Äthiopien

Wohl keiner wird die Fernsehbilder vergessen können, die in den achtziger Jahren um die Welt gingen: Verhungernde Menschen, Kinder mit monströs aufgeblähten Bäuchen, verbrannte Landschaft und Tod – das grüne, fruchtbare Äthiopien litt unter den Folgen mehrerer Dürrejahre und den Wunden, die ein grausamer Bürgerkrieg geschlagen hatte. Erst zu Beginn der Neunziger ging die dreitausendjährige Tyrannei von Kaisern, Königen und Kriegsherren über die äthiopischen Völker zu Ende. Demokratische Wahlen bereiteten den Weg in eine friedlichere Zukunft. Heute ist von den Greueln und Katastrophen der Vergangenheit kaum noch etwas gegenwärtig. Daß immer noch einzelne Teile des Landes als unbereisbar gelten, ist weniger eine Folge des Krieges; es gehört geradezu zur Tradition der ungestümen Hochlandstämme, sich staatlicher Kontrolle zu entziehen und sich die Unabhängigkeit zu erhalten. Der Reisende betritt in Äthiopien ein Land freier und stolzer Menschen, Träger einer uralten christlichen Kultur, die sich fast vollständig von ihrer muslimischen Umgebung abgeschottet und nur selten europäischen Forschern geöffnet hatte. Daß Abenteurer dennoch immer wieder versuchten, in die äthiopische Bergfeste vorzudringen, hatte vor allem einen Grund: Hier vermutete man die Quelle des Blauen Nil.

In einem 2700 Meter hoch gelegenen, blumengesprenkelten Talkessel treten zwischen majestätischen Gipfeln drei Quellen hervor, plätschern hangabwärts und vereinigen sich zu einem ansehnlichen Flüßchen, das im kristallklaren Tana-See verschwindet. Man kann den Nil beim Durchfließen des Sees tatsächlich als sanfte, kaum wahrnehmbare Strömung verfolgen: Er schlägt einen Bogen nach Süden, verläßt den See an dessen Südende und stürzt kurz darauf in eine 45 Meter tiefe, schmale Schlucht: *Tis Isat*, Rauch ohne Feuer, heißt der spektakuläre Wasserfall, der den Vergleich mit den Victoriafällen des Sambesi nicht zu scheuen braucht.

Von den Quellen und dem großen See, den der Nil durchquert, wußten schon Geographen der Antike zu berichten. Die ersten Europäer, die sie mit eigenen Augen sahen, waren portugiesische Mönche, die im 17. Jahrhundert alle nur erdenklichen Entbehrungen und Gefahren auf sich nahmen, um die Äthiopier vom orthodoxen Glauben abzubringen und sie zum Katholizismus zu bekehren. Sie erzählten, die Äthiopier opferten an den Quellen dem Nil, den sie als Gott verehrten. Als der tatendurstige James Bruce 150 Jahre später, nämlich 1770, nach gefahrvoller Reise die »sumpfige Wiese« betrat, feierte er sich als den eigentlichen Entdecker der Quelle und verwies die Berichte der Mönche in das Reich der Fabeln: »Ich triumphierte hier als einfacher englischer Privatmann im Geist über Könige und ihre Heere«, verzeichnet er in seinem Reisebericht.

Der Uferstreifen am Tana-See gehört zu den fruchtbarsten Regionen Äthiopiens. Bruce berichtete, man nenne sie »des Königs Nahrung«. Genährt hat der See nicht nur Könige; auch Mönche, die seit Hunderten von Jahren in Kirchen und Klöstern an den Ufern und vor allem auf den Inseln des Sees ein gottesfürchtiges Leben führen, fanden ihr Auskommen. Wie eine Fata Morgana scheinen die winzigen, üppig grünen Eilande über der glitzernden Wasserfläche des Sees zu schweben. Lautlos gleiten Woito-Fischer mit ihren Tankas über das stille Wasser. Die leichten, eleganten Papyrusboote wecken unwillkürlich Erinnerungen an die Wandmalereien der ägyptischen Pharaonengräber, so ähnlich sind die Boote hier denen im alten Ägypten.

Welche historischen Schätze und Reliquien in den über dreißig Klöstern des Tana-Sees aufbewahrt werden, wird wohl ewig ein Rätsel bleiben. Besucher werden von den Mönchen freundlich empfangen, doch das Allerheiligste betreten dürfen sie nicht. Manchmal bringen die Mönche einige ihrer Schätze hinaus ans Ufer, um sie den Fremden zu zeigen: kostbar illuminierte Kirchenmanuskripte sind darunter, wundervoll gearbeitete Handkreuze, Kronen von Königen und Kaisern. Die Kirchen gleichen sich weitgehend: Es sind kleine Rundbauten, meist mit einem Strohdach versehen und mit naiven Fresken dekoriert, die einige der vielen hundert Heiligen der äthiopischen Kirche abbilden.

Das Christentum kam früh nach Äthiopien: Zwei christliche Sklaven, so die Legende, hätten im 4. Jahrhundert die Mutter des damaligen Thronanwärters bekehrt und als Berater großen Einfluß am Hofe gewonnen. Als König Esana schließlich selbst den Thron bestieg, erklärte er das Christentum zur Staatsreligion. Seitdem verharrt die äthiopisch-orthodoxe Kirche in einer selbstgewählten Abschottung, die den Glauben und den Ritus der frühchristlichen Gemeinden bewahrt hat. Unübersehbar sind auch Einflüsse der jüdischen Religion, die hier in Äthiopien offenbar weit verbreitet war, bevor sie durch das Christentum abgelöst wurde. Die letzten der äthiopischen Juden, die Falasha, verließen 1991 ihre kriegsgeplagte Heimat und flohen in das sichere Israel.

Nur eine Stunde Fahrt vom Tana-See entfernt liegt die Stadt Gondar, eine bizarre Mischung aus strohgedeckten Rundhütten, italienischem Mussolini-Prunk und einem historischem Zentrum, in dem man sich urplötzlich in einer mittelalterlichen portugiesischen Burganlage wiederfindet. Kaiser Fasilidas, der Gründer Gondars, hatte 1632 die katholischen Portugiesen außer Landes gewiesen, zugleich aber offensichtlich durchaus Gefallen an deren Architektur gefunden. So entstand, inspiriert von kleineren Burgen und Kirchen, die die Patres in Äthiopien errichtet hatten, die Königsstadt Gondar. Runde, wuchtige Ecktürme und zinnenbewehrte Mauern umschließen den Palast und zaubern »ein heimisches Bild für den Wanderer, der sich plötzlich dem Inneren des tropischen Afrika entrückt und in eine mittelalterliche Landschaft versetzt glaubt«, so 1862 Theodor von Heuglin, einer der wenigen europäischen Forscher, die ins Innere dieses geheimnisvollen Landes vordringen konnten. Zu Heuglins Zeit war Gondar wieder verlassen, ein Schicksal, das im Äthiopien der unsteten Herrscher und häufig wechselnden machtpolitischen Verhältnisse keiner Residenzstadt erspart blieb. Allerdings hatte Gondar es geschafft, fast 250 Jahre lang Hauptstadt zu bleiben.

Einmal im Jahr erwachen Gondars historische Bauten wieder zum Leben, wenn Einheimische und Pilger aus allen Teilen des Landes am „Bad des Fasilidas", etwas außerhalb der Stadt, das wichtigste Fest des Kirchenjahres, *Timkat*, begehen. Tausende von weißgekleideten Menschen drängen sich dann um das Wasserbecken, in dessen Mitte sich die stolze Silhouette von Fasilidas' Lustschloß gegen den Morgenhimmel abzeichnet. Mit rituellem Schritt bringen Priester die brokatverhangenen Tabots ans Wasser, die die Bundeslade des Volkes Israel symbolisieren. Sobald die ersten Strahlen der aufgehenden Sonne den Horizont vergolden, wird das Wasser gesegnet und die wartende Menge mit dem geweihten Naß besprengt. Dann stürzen sich Kinder und Jugendliche im Gedenken an Jesu Taufe im Jordan in die Fluten. Den ganzen Tag über erfüllen die zeremoniellen Gesänge der Priester die Luft, beten die Gläubigen mit ihren Kirchenführern in geduldiger Andacht, werden Tänze und sakrale Handlungen vollzogen, deren Wurzeln mindestens ebenso im jüdischen Glauben wie im Christentum gründen, zu einem guten Teil auch in den traditionellen Religionen der äthiopischen Stämme.

Knapp vierhundert Kilometer sind es von Gondar nach Aksum, der ältesten bekannten Residenzstadt Äthiopiens. In scharfen Steigungen und kühnen Haarnadelkurven durchquert die Straße eine der grandiosesten Gebirgslandschaften des an Superlativen sicher nicht armen Äthiopien, das Simien-Gebirge.

Jahrzehntelanger Bürgerkrieg hat die Gesichter der Menschen in der nordäthiopischen Provinz Tigre geprägt.

Umgeben von Wüsten, wirkt das regenreichere äthiopische Hochland wie eine uneinnehmbare Trutzburg. Das Christentum hatte sich hier bereits im 1. Jahrhundert verbreitet und wurde im 4. Jahrhundert zur Staatsreligion.

Hierher, so berichtet Homer, zogen sich die griechischen Götter zurück, um sich zu erholen und mit den bizarr geformten Gipfeln Spiele zu machen. Tatsächlich erinnern die erodierten Vulkanschlote und Bergspitzen des Simien an erstarrte Riesen. Maultierpfade führen durch diese Urlandschaft, wo der scheue Simien-Fuchs und der flinke Abessinische Steinbock eine geschützte Heimstätte gefunden haben.

Wer den berüchtigten Wolkefit-Paß überstanden hat, der vom Hochland in die zweitausend Meter tiefere Ebene überleitet, wird diese Fahrt so schnell nicht vergessen. Endlich passiert die Straße einige mit trockener Vegetation bewachsene Hügel und führt hinein in die gänzlich unspektakuläre Siedlung Aksum. Daß sich hier die geheimnisvollsten Schätze Äthiopiens verbergen, mag man angesichts der einfachen, strohgedeckten Hütten der Tigre kaum glauben.

Gondar war die Vollendung, Aksum der Beginn. Archaische, bis zu 25 Meter hohe Granitstelen am Rande des Ortes erzählen von einem mächtigen Reich, das Handel mit Arabien trieb und dessen Wohlstand auch den alten Griechen bekannt war. Eigenartige geometrische Muster sind in die schlanken Obelisken eingemeißelt. Sie spiegeln sich in der Architektur der aksumitischen Häuser wider, wie sie von antiken Autoren beschrieben wurde und wie man sie heute noch an den Felsenkirchen von Lalibela wiederfindet. Eine Mondsichel schmückt die Spitze als Symbol der alten sabäischen Religion, deren Göttern an den monumentalen Altären am Fuße der Steine geopfert wurde. Die meisten Stelen sind heute, zweitausend Jahre nach ihrer Vollendung, umgestürzt.

Das bedeutendste christliche Heiligtum von Aksum und Äthiopiens überhaupt verbirgt sich in der streng bewachten Kirche der Heiligen Maria von Zion: die Bundeslade des Volkes Israel – so jedenfalls will es die Tradition. Wie dieser Kultgegenstand in den Besitz von Aksum kam, erzählt Äthiopiens Nationalepos, das *Kebre Negast*: Tausend Jahre vor Christus herrschte in Aksum Makeda, die Königin von Saba. Auf der Suche nach Weisheit und Erleuchtung unternahm die schöne Königin eine lange Reise das Rote Meer hinauf zu König David von Juda. Dieser begehrte Makeda, überhäufte sie mit Geschenken und schönen Worten, doch erst mit Hilfe einer List gelang es ihm, sie zu verführen. Die Königin gebar ihm einen Sohn, und als dieser älter wurde, beschloß sie, ihm sein Reich zu zeigen. Begleitet von jüdischen Priestern, kehrten die beiden nach Aksum zurück. In ihrem Gepäck befand sich, so sagen jedenfalls die äthiopischen Christen, das größte Heiligtum des jüdischen Volkes, die Bundeslade. Die Priester hatten sie aus dem Jerusalemer Tempel entwendet.

Makedas und Davids Sohn, Menilek I., gilt als Begründer der salomonischen Dynastie, die Äthiopien mit Unterbrechungen bis in die Neuzeit hinein regierte. Ihr gehörte auch Äthiopiens letzter Kaiser, Haile Selassie, an, der 1974 von einem Militärrat abgesetzt und 1975 von Soldaten ermordet wurde. Ein unvergeßliches Denkmal setzten dem Kaiser, der vor seiner Inthronisation Ras Tafari hieß, seine zumeist jamaikanischen Anhänger, die *Rastafarians*.

Jenseits der Bergkette des Simien-Gebirges, knapp 400 Kilometer südlich von Aksum, liegt Lalibela. Ihren Namen trägt die Stadt nach einem legendären König des 12. Jahrhunderts, der im Traum einen göttlichen Befehl erhalten hatte: Der Erzengel Gabriel erschien ihm, begleitet von einer Schar himmlischer Helfer, und forderte ihn auf, Kirchen zu errichten, die genau nach göttlichen Plänen aus dem Fels herauszuschlagen seien. Lalibela zögerte nicht, sofort zu gehorchen, und wenn die Arbeiten nachts ruhten, bauten die Engel weiter. So entstand in kürzester Bauzeit eines der größten Wunder des äthiopischen Christentums: die Felsenkirchen von Lalibela.

Kirchen und Klöster wurden von oben in ein felsiges Hochplateau hineingeschlagen oder seitlich in den Fels getrieben. Ein Gewirr von Gängen und Geheimtüren verbindet die Bauten miteinander, die von oben aussehen wie ein archaisches Labyrinth. Manche sind quadratisch, andere in Kreuzform aus dem Felsen gemeißelt; alle besitzen die typischen Merkmale aksumitischer Bautradition: Felsensimse, die sich Bändern gleich um die Fassade ziehen, vorspringende und zurückweichende, glattpolierte Wandflächen, Schein-

Pisten sind meist die einzigen Transportwege in Äthiopien, denn der Blaue Nil ist nicht schiffbar. So halten klapprige Lastwagen die Versorgung des Landes mühsam aufrecht.

Woito-Fischer staken ihre Papyrusflöße, die sogenannten Tankas, über das klare Wasser des Tana-Sees, der vom Blauen Nil durchflossen wird.

fenster - architektonische Elemente, die auf den Stelen des vorchristlichen Aksum als dekorativer Schmuck in Erscheinung treten. In den dunklen Gängen und Kammern wandeln brokatgewandete Priester und Mönche, beten Gläubige im schlichten weißen Gewand. Ein zweites Jerusalem sollte Lalibela werden, und der Bach, der durch das Kirchengelände fließt, wurde Jordan genannt.

Die schroffen Gipfel des Grabenbruchs im Westen, folgt man der Straße von Lalibela nach Süden in Äthiopiens Hauptstadt Addis Abeba. Bauern mit archaischen Pflügen bearbeiten die Felder, malerische, verschlafene Dörfer liegen auf dem Weg, und an den Markttagen ziehen bunt gekleidete Menschen die Straße entlang in den nächsten Ort, wo gehandelt und gefeilscht wird und wo man alles erfährt, was sich in der Region tut. Fahrzeuge sind auch auf dieser Hauptstraße selten, und so nehmen die Menschen, vom kleinen Jungen bis zum ehrwürdigen Priester, dankbar jede Mitfahrgelegenheit an, die sich bietet.

Addis Abeba, die »Neue Blume«, ist eine relativ junge Stadt im uralten Äthiopien. Breite Avenuen und moderne Hochhäuser prägen das Zentrum, und die ehrwürdige Kultur des Landes kommt nur noch im Museum zur Geltung. Unübersehbar ist hier allerdings die Völkervielfalt Äthiopiens. Menschen aus allen Teilen des Landes kommen zum Mercato von Addis Abeba, dem größten Markt im Osten Afrikas. Muslimische Kaufleute beherrschen die Handelswege Äthiopiens, und so ist auch der Mercato eine islamische Insel im christlichen Hochland. Da trifft man feingliedrige Amhara, deren Sprache die *lingua franca* Äthiopiens ist und die in den Jahrhunderten nach dem Niedergang Aksums die Geschicke des äthiopischen Reiches lenkten, und die Tigre, Träger der aksumitischen Epoche. Tiefschwarze, mit Schmucknarben bedeckte Mursi aus dem Südwesten mischen sich unter ihre hellhäutigeren Landsleute, und kriegerische, mit Dolch oder Speer bewaffnete Somali und Oromo schlendern durch das Gassengewirr der Marktstände. Sie sind Muslime wie die meisten Völker im Osten des äthiopischen Hochlandes, und dennoch zeigen ihre in leuchtend bunte Tücher gehüllten Frauen stolz ihr Gesicht. An unzähligen Ständen brutzeln köstliche Gerichte, wird Fettgebackenes verkauft oder *Injera*, Äthiopiens Nationalspeise, gebacken: ein dünner Pfannkuchen, der je nach Geschmack mit köstlichen und scharf gewürzten Fleisch- und Gemüseeintöpfen belegt und mit der Hand gegessen wird. Tonnen von Obst und Gemüse werden hier umgeschlagen; das wichtigste Handelsprodukt aber ist der köstlich duftende äthiopische Kaffee, der seinen Namen seiner Ursprungsprovinz Kaffa verdankt.

Im Gegensatz zu Ägypten ist Äthiopiens Fruchtbarkeit kein Geschenk des Nil. Das bis zu 4000 Meter hohe Plateau besitzt gute Böden und empfängt ausreichend Regen - Regen, der einmal im Jahr, in den Sommermonaten, auch den Nil anschwellen läßt. Dieser hat sich im Lauf der Jahrtausende tief in das Gestein hineingefressen; auf seinem gesamten Lauf durch Äthiopien stürmt er durch eine Schlucht, an deren Rändern kaum Leben möglich ist. Bis zu 1000 Meter tief sind die Wände an einer der spektakulärsten Stellen, der Blue Nile Gorge südlich von Debre Markos. Die Hauptstraße nach Addis Abeba klettert hier in engen Kehren hinunter auf den Boden der Schlucht, überquert den Fluß und windet sich auf der gegenüberliegenden Seite wieder bergan. Immer wieder scheint das schmale Asphaltband ins Nichts zu stürzen, die Strecke ist nur etwas für Schwindelfreie. Die Luft in der Schlucht ist heiß und mit Feuchtigkeit gesättigt; lauernd drehen Geier ihre Kreise über dem bräunlich-roten Wasser. Der weitere Weg des Nil - kaum jemand konnte ihm bislang folgen. Stromschnellen, wilde Tiere, unzugängliche Ufer und kriegerische Völker sind die Barrieren, die sich jedem Versuch, ihn zu befahren oder seinem Lauf zu folgen, entgegenstellen. Unberührt von der Zivilisation, schießt er vom Hochland hinunter in die Steppen des Sudan und mündet schließlich bei Khartum in den Weißen Nil.

In den meisten Dörfern am Pistenrand betreiben Frauen kleine Küchen, die Durchreisende versorgen.

Auf den Inseln des Tana-Sees finden sich über dreißig Klöster. In ihren Rundkirchen verwahren die Mönche wahre Schätze: wundervoll gearbeitete Handkreuze, Kaiserkronen aus purem Gold und kostbare Bibeln, handgeschrieben in der altäthiopischen Schrift Gees.

Auf den Märkten bieten Frauen Steinplatten an, auf denen *Injera*, das äthiopische Nationalgericht, zubereitet wird. Der hauchdünne Fladen wird mit Fleisch und Gemüse serviert, dazu der hervorragende äthiopische Tee.

Im Hochland Äthiopiens fällt normalerweise genügend Regen, daß Ackerbau betrieben werden kann. Als eines von wenigen Völkern Afrikas kennen die hier lebenden Amhara und Tigre in ihrer Kulturgeschichte den Pflug.

Das Simien-Gebirge gehört zu den schönsten Landschaften im äthiopischen Hochland.

Die bis zu 25 Meter hohen Monolithstelen von Aksum erzählen von einem mächtigen Reich, das Handel mit Arabien trieb und dessen Wohlstand auch den alten Griechen bekannt war.

Nach den Vorstellungen der äthiopischen Christen birgt man in der streng bewachten Kirche der Heiligen Maria von Zion die Bundeslade des Volkes Israel. Priester hätten sie einst aus dem Tempel in Jerusalem entwendet.

Der Kagera ist der südlichste der zahlreichen Quellflüsse des Weißen Nil. Er entspringt im Bergland Burundis, durchfließt Ruanda und mündet in Uganda in den Victoriasee.

Uganda

»The Nile is settled«, der Lauf des Nil ist geklärt, telegraphierte John Henning Speke an die Royal Geographic Society in London. Der zähe Engländer stand 1862 als erster Europäer an der Stelle, wo der Weiße Nil den Victoriasee über einen Wasserfall verläßt, um dann Richtung Norden zu fließen: »Ich sah, daß der alte Vater Nil ohne Zweifel in dem Victoria Nyanza entspringt und daß, wie ich vorhergesagt hatte, jener See die große Quelle des heiligen Flusses ist, welcher die Wiege des ersten Verkünders unseres Glaubens trug.« Spekes enthusiastische Aufforderung an seine Begleiter, sich die Haare zu scheren und in den heiligen Fluten zu baden, verhallte ungehört. Die muslimischen Träger seiner Expedition fanden die Aufregung über den niedrigen Wasserfall, den die Völker hier »Steine« nannten, ohnehin unverständlich.

Dieser Entdeckung vorausgegangen war ein leidenschaftlicher Wettstreit um die Quelle des Weißen Nil, an dem sich alle großen Afrikaforscher des 19. Jahrhunderts in der einen oder anderen Form beteiligt hatten: einige mit theoretischen Überlegungen am Schreibtisch, anderen im praktischen Einsatz als wagemutige Reisende, die für ihre Neugier oft genug mit ihrer Gesundheit oder gar mit dem Leben bezahlen mußten.

Man ging den mystischen Fluß von zwei Seiten an: Die einen folgten seinem Lauf südwärts, wo die meisten im Sumpfgewirr des Sudd steckenblieben, die anderen versuchten, sich von der ostafrikanischen Küste aus nach Westen durchzuschlagen. Irgendwo im Inneren sollte es riesige Seen geben und einen Berg, dessen Gipfel weithin weiß leuchtete, wie Eingeborene und arabische Sklavenhändler erzählten. Beides, den weißen Berg und den See, hatte der Geograph Ptolemäus im zweiten Jahrhundert auf seiner Karte als Nilursprung verzeichnet.

Die erste halbwegs erfolgreiche Nil-Expedition war die jenes unbekannten Abenteurers Speke, der sich dem angesehenen und afrikaerfahrenen Richard Francis Burton 1856 angeschlossen hatte. Immer neue Krankheiten sowie desertierende Führer und Träger beeinträchtigten ihren Vorstoß, aber immerhin gelang es den beiden, die Ufer des Victoriasees zu erreichen und lebend zurückzukehren, ohne jedoch die Stelle gefunden zu haben, an der der Nil aus dem See herausfließt. Während Burton über das nicht ausreichend gesicherte Ergebnis der Reise zunächst schwieg, verkündete Speke die Entdeckung des Quellsees aller Welt. Aus der geduldigen Reisepartnerschaft erwuchs heftige Konkurrenz und Feindschaft. Burton suchte künftig weiter südlich, während Speke 1862 schließlich der Marsch zu den Ripon-Fällen gelang. Doch die tatsächliche Quelle war damit noch nicht gefunden.

Auf deren Spuren tummelte sich noch ein anderes Forscherpaar: Mr. und Mrs. Baker. Sie waren auf einem Boot den Nil stromaufwärts gefahren, hatten unterwegs den heimkehrenden und völlig erschöpften Speke getroffen und waren schließlich in endlosen Fußmärschen nach Südwesten an die Ufer des Lake Albert vorgestoßen, die sie 1864 erreichten. Zwischen diesem von hohen Bergen gesäumten See und dem östlich liegenden Lake Victoria bestand eine Verbindung - kein Zweifel: hier hatte man die wirkliche Quelle des Nil entdeckt. Daß auch der Albert-See nur eines von mehreren Sammelbecken war, die den Nil speisten, bewies schließlich der draufgängerische Journalist Henry Morton Stanley, der 1875 den Victoriasee umschiffte und dabei auf seinen Zufluß, den Kagera, stieß. Eine eigentliche Quelle gab es nicht. Der Weiße Nil nährt sich aus dem Victoriasee und dieser wiederum versammelt die Wasser von Quellen, Regenfällen und der Schneeschmelze von Gipfeln des bis zu 5109 Meter hohen Ruwenzori-Massivs, der ptolemäischen »Mondberge«.

Die Region um den Victoria- und den Albertsee - zu Spekes und Burtons Zeiten war sie ein weißer Fleck auf der Landkarte Afrikas. Sklavenhändler, die von Sansibar aus regelmäßig ins Landesinnere vorstießen, berichteten von einem mächtigen Königreich am Ufer des Victoria Nyanza: Buganda. Grausame Einzelheiten erzählte man sich über die Riten dieses Reiches, und kein Weißer hatte Buganda jemals lebend wieder verlassen. Speke war der erste, dem dieses Kunststück gelang. Seine Berichte von der Königsstadt, dem leopardenfellgekleideten Herrscher und der Willkür, mit der er die Menschen in seiner Umgebung wegen geringster Vergehen hinrichten ließ, waren bildhafte Bestätigung dessen, wie man sich das heidnische Afrika im zivilisierten Europa vorstellte. Daß man auf einen hochentwickelten Staat mit reicher kultureller und religiöser Tradition gestoßen war, dem reger Elfenbein- und Sklavenhandel zu großem Reichtum verholfen hatten, wurde erst 1875 nach Stanleys Besuch bei König Mtesa bekannt.

Buganda war eines von mehreren Königreichen im Zwischenseengebiet und der territoriale Vorläufer des heutigen Uganda. Bugandas letzter König, nach Erlangung der Unabhängigkeit auch Staatspräsident, wurde Mitte der 60er Jahre von der Macht vertrieben und durch einen Militärrat ersetzt. Der Putsch setzte einen Teufelskreis von Gegenputsch, Tyrannei und Bürgerkrieg in Gang, der erst 1986 durch den Sieg des jungen, pragmatischen Leutnants Museveni ein (vorläufiges) Ende fand. 1993 wurde schließlich auch wieder ein Buganda-König inthronisiert, wenngleich seine Aufgaben hauptsächlich repräsentativer Natur sind. Heute ist Uganda ein weitgehend befriedetes Land, dessen Menschen sich mit unendlicher Geduld dem Wiederaufbau widmen, und das bedeutet vor allem Improvisation. Es ist ähnlich wie bei den Müllsammlern von Kairo: Es gibt nichts, was nicht irgendwie wiederverwendbar wäre. Angefangen bei den filigranen Spielsachen, die sich Kinder aus Draht und Konservendosen basteln, über Sandalen, deren Profil die ehemalige Bestimmung als Autoreifen verrät, bis hin zu Pappkartons, die zumindest noch als Trennwand von Nutzen sind.

Samstag abend in einem Vorort von Kampala: Die flackernden Windlichter der Verkaufsstände zaubern zuckende Schatten auf die Staubstraßen zwischen den Wellblechhütten. Kinder verkaufen Zigaretten und Bonbons, Kämme und Kugelschreiber; Frauen bieten Fettgebackenes an. Laute Musik dringt aus dem einzigen festgemauerten Haus, einer Bar und Diskothek, in der die Jugend zu den fröhlichen Rythmen des Congo-Jazz das Tanzbein schwingt. Keine Lasershow, keine Spiegelwände - von den rissigen Mauern blättert giftgrüne Farbe, und bläuliches Neonlicht beleuchtet die Menschen auf den wackeligen Barhockern. »Equator Sound Band« und »Papa Wemba« heißen hier die Superstars der Musikszene, deren Kassetten sofort nach Erscheinen tausendfach kopiert auf dem Schwarzmarkt verkauft werden, deren Lieder aus jedem Busradio, aus jedem Laden dröhnen, denn sie erzählen vom wirklichen Leben in Afrika: von den Wellblechsiedlungen, von den *Matatus,* den überfüllten Sammeltaxen, von der ersten Liebe und immer häufiger auch von Aids.

Nur wenige Schritte von der Diskothek entfernt, erfüllt dumpfer Trommelklang die Luft. Er kommt aus einem Compound, einem Wellblechgehöft, in dessen Innenhof sich Menschen aus der Nachbarschaft versammelt haben. Rhythmisch klatschen sie zu einem geheimnisvollen Tanz, den einige Frauen in der Mitte des Hofes vollziehen. Das Klatschen wird schneller, es steigert sich zu einem rasenden Stakkato. Die erste Tänzerin windet sich, wie von unsichtbaren Kräften geschüttelt, fällt zitternd zu Boden. Ein Gott hat von ihr Besitz ergriffen. Die Symptome der Besessenheit greifen um sich, immer mehr Frauen fallen in Trance, werden von Helferinnen festgehalten, schließlich vom Heiler zurückgeholt und beruhigt. Die Trommeln ver-

Im ostafrikanischen Einzugsgebiet des Weißen Nil liegen die schönsten Nationalparks Afrikas. Nur dort ist noch die ursprüngliche Fauna und Flora Ostafrikas anzutreffen.

Im Quellgebiet des Weißen Nil trifft man auf eine ganz andere Vorstellungswelt als im islamischen Ägypten oder im christlichen Äthiopien. Der Glaube an Geister und Mythen ist noch weit verbreitet.

Autos sind rar in Uganda. Auf Handkarren wird so ziemlich alles transportiert - wenn es sein muß, auch ganze Autos.

stummen. So werden in vielen Teilen Afrikas erfolgreich Krankheiten behandelt, Krankheiten der Seele, aber auch des Körpers. Wo die moderne Medizin versagt, besinnen sich die Menschen wieder auf traditionelle Heilmethoden.

Die Statussymbole der Moderne - Digitaluhr, Kassettenradio und Sonnenbrille - haben das althergebrachte Kulturgut längst abgelöst, Christentum und Islam die traditionellen Religionen verdrängt, aber dennoch sind immer noch Riten lebendig, in denen die tiefe Verbundenheit mit den Geistern der Natur und mit den Ahnen zum Ausdruck kommt. So verwundert es auch nicht, daß auch heute noch viele Knaben Initiation und Beschneidung durchlaufen, bevor sie in die Gesellschaft der Erwachsenen aufgenommen werden. Man muß sterben, bevor man in neuer Gestalt wiedergeboren werden kann - auf diese Weisheit läßt sich das komplexe Wesen der Initiation reduzieren. Wie intensiv das Gefühl der Wiedergeburt bei der Beschneidung präsent ist, beschreibt der ugandische Autor Timothy Wangusa am Beispiel der Mutter des Initianden: »Im Haus hörte Kangalas Mutter alles. Sogleich ... stürmte sie in das Haupthaus, kauerte an der Mittelsäule, umfaßte diese und fing an, die Windungen und Wehen seiner Geburt zu durchleben. Und nun war er geboren ...«

1888 wurden im Westen Ugandas schließlich die Mondberge entdeckt. Stanley notierte am 24.5.1888 in sein Tagebuch: »Ein Junge machte mich auf eine seltsam geformte Wolke aufmerksam, welche von ganz wundervoller, silberartiger Farbe war und die Verhältnisse und das Aussehen eines mit Schnee bedeckten, ungeheuern Berges hatte.« Die Menschen, die an seinem Fuße lebten, nannten das Gebirge Ruwenzori, Regenmacher. Fast ständig sind die vergletscherten Gipfel des Massivs in Wolken gehüllt, und Nebel bedeckt seine Flanken. In dieser von Feuchtigkeit gesättigten Atmosphäre gedeiht dichter Urwald, der in höheren Regionen einer afro-alpinen Vegetation weicht. Deren herausragendes Merkmal ist der Riesenwuchs, mit dem sich die Pflanzen besser vor den extremen klimatischen Bedingungen schützen können.

Aufbruch zum Ruwenzori-Trekking. So aufregend wie damals, als Luigi Amadeo, dem Herzog der Abruzzen, 1906 mit einer erfahrenen Schar von Bergsteigern die Erstbesteigung des Hauptgipfels gelang, ist es heute nicht mehr. Bergführer kennen die Pfade zum Gipfel, und einfache Hütten bieten zumindest etwas Schutz vor den Unbilden der Witterung. Kräftezehrend ist der mehrtägige Marsch aber immer noch, auch wenn man in Kasese oder Ibanda einheimische Träger engagiert. Durch dicht bewachsene, sumpfige Täler, in denen sich die feuchte Hitze zu stickigem Dampf staut, geht es zunächst bergan. Eisklare Bäche schießen in Kaskaden über die Felsen, zwischen Lianen glitzern Tümpel und Seen, ganz allmählich lichtet sich der Dschungel, doch Nebelschwaden verwehren den Blick nach oben. Baumhohes Heidekraut und gigantische Lobelien erscheinen wie tanzende Geister, die die erschöpften Bergsteiger allmählich einkreisen. Moosflechten wehen wie monströse Spinnweben von den Bäumen, greifen mit unsichbaren Klauen nach jedem, der hier, in fast 4000 Metern Höhe, nicht die Kraft zum Weitergehen hat. Dann beginnt das Reich des Eises und des Schnees, mitten im tropischen Afrika geht es nur noch mit Steigeisen und Eispickeln weiter. Das Haupt des Regenmachers ist wolkenverhangen, und nur wenn die Götter gnädig sind, zeigen sie den Kletterern das Antlitz des Berges. Mindestens fünf, oft auch sechs Tage dauert es, bis man den 5109 Meter hohen Gipfel erreicht.

Die Gletscherkappen des Ruwenzori sind eine Quelle des Nil, ein weiteres Mosaiksteinchen bei der Suche nach dem Ursprung des mächtigen Stroms. Die Kenntnis seines südlichsten Quellflusses verdanken wir wiederum Stanley, dem Draufgänger, der nicht ruhte, bis er alle Rätsel gelöst hatte, die ihm in den Weg kamen. Es brachte den Kagera, der von Südwesten in den Victoriasee mündet, mit dem Nil in Verbindung. Sein Ursprung liegt im gebirgigen Grenzgebiet der Länder Ruanda und Burundi, einem der schönsten Winkel Afrikas und zugleich einem ethnischen Pulverfaß, das immer wieder explodiert. 1994, als der Völkermord in Ruanda seinen Höhepunkt erreichte,

OPEN AIR MA
BUTCHER

Coca-Cola
NISSAN
TOYOTA

Städte wie Kampala üben eine magische Anziehungskraft auf die Landbewohner aus. Deren Hoffnungen auf ein besseres Leben in der Stadt erfüllen sich jedoch nur selten.

schwemmte der Kagera Tausende von Leichen in den Victoriasee. Heute leben die Flüchlinge aus Ruanda in Lagern zu Füßen der mächtigen Virungavulkane in ständiger Angst um Leib und Leben.

Um ihr Leben fürchten müssen auch die letzten Berggorillas im »Nationalpark der Vulkane«. Die dschungelbewachsenen Hänge des bis zu 4500 Meter hohen vulkanischen Gebirgsstocks im Grenzgebiet von Zaire, Uganda und Ruanda stehen zwar als »Gorilla-Sanctuary« im Zeichen des Schutzes der vom Aussterben bedrohten Menschenaffen, vor Wilderern sind die sanften Riesen aber dennoch nicht sicher. Hier leben Schätzungen nach noch 350 Gorillas, der klägliche Rest einer großen und friedlichen Population, der der Mensch zum Verhängnis wurde.

Als der Karthager Hanno 460 vor Christus nach einer Schiffsexpedition an der Westküste Afrikas entlang irgendwo beim heutigen Kamerun an Land ging, entdeckte er zottelhaarige Wesen, die er für die Bewohner dieses Landstrichs hielt. Wie bei karthagischen Expeditionen üblich, fing man einige Exemplare dieser eigenartigen Gattung ein, um sie mit Gewinn als Sklaven zu verkaufen. Doch die wehrten sich so heftig, daß die Karthager sie schließlich töteten und ihnen das Fell abzogen. Mit den Gorillafellen gelangte die erste Kunde von menschenähnlichen Wesen aus dem Inneren Afrikas in die Reiche der Antike. Hartnäckig hielten sich Gerüchte von behaarten Menschenmonstern, die Tiere wie Menschen jagten und bestialisch ermordeten. Erst ab dem Ende des 19. Jahrhunderts gelang es, Gorillas einzufangen und ihre Lebensweise zu erforschen. Niemand hat sich um die Kenntnis der Berggorillas so verdient gemacht wie die Amerikanerin Dian Fossey. Fast zwanzig Jahre lang lebte sie in ihrer Forschungsstation zwischen den Vulkangipfeln des Basoke und des Karisimbi unter »ihren« Gorillas. Sie beobachtete und beschrieb jede Einzelheit aus dem Leben der Primaten. Vereinsamt und sicher auch ein bißchen schrullig, verlor die Gorillaforscherin dabei fast gänzlich den Kontakt zu ihrer menschlichen Umgebung. Klagen und Berichte über Drangsalierung ihrer Wildhüter und Angestellten drangen immer häufiger an die Öffentlichkeit. Als Dian Fossey schließlich 1985 ermordet aufgefunden wurde, nahm man an, daß sie ein Opfer ihrer Menschenverachtung geworden sei.

Daß Gorillas sich am liebsten von zarten Bambustrieben ernähren, ist angesichts der bis zu zwei Meter großen Riesen schwer zu glauben. Wohl jeder, der sich nach mühsamem Aufstieg und geduldigem Suchen endlich einer Gruppe dieser Tiere gegenübersieht, bekommt feuchte Hände, mindestens ebensosehr aus Angst wie aus Aufregung. Doch wenn man die Grundlegeln des Gorilla-Benimm beachtet, kann eigentlich gar nichts passieren. Wichtig ist nur, daß das Leittier, der »Silberrücken«, sich nicht bedroht fühlt. Rangniedere, also auch Menschen, haben sich zu ducken. Die Szenen des Familienlebens, die man dann beobachten kann, sind wohl deshalb so eindringlichlich, weil sie unseren so ähneln: balgende und schmusende Junge, besorgte, aufmerksam witternde Mütter und renitente Jugendliche, verwickelt in Scheinkämpfe um Macht, die doch nur dem Silberrücken gehört.

Das Quellgebiet des Weißen Nil ist ein fruchtbares Land, üppig, grün und ganz anders als das wüstenhafte Ägypten. So wie die Menschen nährt es auch unzählige Tiere: Elefanten, Büffel und Giraffen ebenso wie das zarte Dikdik oder die scheue Antilope. Leoparden schleichen auf der Suche nach Beute durchs Dickicht, und elegante Flamingos schwirren in rosa Wolken über die Seen. Ganz gleich, wo man den Ursprung des Weißen Nil lokalisiert - der Fluß besitzt tausenderlei Quellen. Er ist letztendlich ein Produkt des immensen Entwässerungssystems des östlichen Zentralafrika, dessen Gebirge Regen, Tauwasser und Nebelfeuchte wie ein Schwamm speichern und das Wasser schließlich in das Becken des Zwischenseengebiets entlassen.

So wird der mächtige Strom geboren: ein Kind Afrikas, begabt mit Vielfalt, Zauber und Kraft!

Das Angebot der Straßenhändler läßt keine Wünsche offen. Dieser Junge verkauft selbstgezüchtete Hasen.

In den Virgungavulkanen leben die letzten Berggorillas. Ihre Tage sind durch die anhaltende Wilderei gezählt.

Auf dem Weg von Äthiopen nach Uganda passiert man Marsabit Mountain. Dieser vulkanische Gebirgsstock wirkt mit seiner üppigen Fauna und Flora inmitten der nordkenianischen Wüsten wie eine Insel der Seligen.

An den Hängen des Ruwenzori fasziniert der Riesenwuchs von Blumen. Riesensenecien und Riesenlobelien prägen in 4000 Metern Meereshöhe die Wunderwelt der tropischen Hochgebirgsvegetation.

Die Gletscher des Ruwenzori in über 5000 Metern Meereshöhe sind die höchstgelegenen Quellen des Nil.

Wir hoffen, daß Sie beim Betrachten der wunderbaren Aufnahmen Freude hatten. Michael Martin fotografierte die in diesem Band gezeigten Bilder mit seiner Leica Ausrüstung, der LEICA R 7, einer einfach zu bedienenden und vielseitigen Spiegelreflexkamera, die Präzision und Robustheit in sich vereint. Dazu verwendete er mehrere Hochleistungsobjektive des LEICA R Systems, das Ihnen Brennweiten von 15 mm-Superweitwinkel bis zum 800 mm-Supertele bietet. Wir, die Leica Camera GmbH, entwickeln und fertigen in Solms Spitzengeräte sowohl für die Beobachtung als auch die Aufnahme und Wiedergabe. Fragen zum Leica Programm beantwortet Ihr autorisierter Leica Fachhändler oder der Leica Infodienst gerne. Tel. 0 64 42/208-111.

Karte: Sebastian Schrank, München
Satzarbeiten: Typographica GmbH, Rosenheim
Lithographie: Fotolitho Stampfer, Bozen
Druck und Bindung: Interdruck, Leipzig

ISBN 3-475-52838-X